# ALPHABET

## GRAMMATICAL.

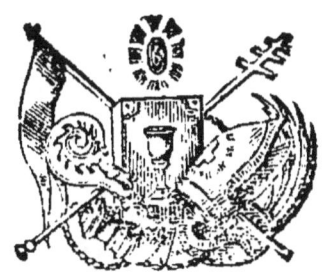

DOUAI.

ADAM D'AUBERS, IMPRIMEUR-ÉDITEUR.

— 1853. —

# ALPHABET

# GRAMMATICAL.

DOUAI.

ADAM D'AUBERS, IMPRIMEUR-ÉDITEUR,

— 1853. —

# ALPHABET
## GRAMMATICAL.

---

### INTRODUCTION.

1. Qu'est-ce que la Grammaire française ?
   C'est l'art de parler et d'écrire correctement en français.
2. De quoi se sert-on pour parler et pour écrire ?
   De mots.
3. De quoi sont composés les mots ?
   De lettres.
4. Combien y a-t-il de sortes de lettres ?
   Deux : les voyelles et les consonnes.
5. Quelles sont les voyelles, et pourquoi sont-elles ainsi appelées ?

Les voyelles sont : *a, e, i, o, u, y.*

On les appelle *voyelles*, parce que, seules, elles forment une voix, un son.

6. N'y a-t-il pas d'autres voyelles ?

Oui : les voyelles *nasales, ou, eu, an, en, in, on, un, yn.*

7. Pourquoi les nomme-t-on nasales ?

Parce qu'on les prononce du nez.

8. Qu'est-ce que les consonnes, et quelles sont les lettres ainsi nommées ?

Les consonnes sont les lettres qui ne forment un son qu'avec l'aide des voyelles.

Les consonnes sont : *b, c, d, f, g, h, j, k, l, m, n, p, q, r, s, t, v, x, z.*

9. Comment se divisent les voyelles ?

En voyelles longues et en voyelles brèves.

10. Qu'appelle-t-on voyelles longues, voyelles brèves ?

Les voyelles longues sont celles sur lesquelles on appuie en les prononçant.

Les voyelles brèves sont celles sur lesquelles on passe rapidement.

11. Combien distingue-t-on de sortes d'e?

Trois : l'e muet, l'e fermé et l'e ouvert.

L'e muet est celui dont le son est sourd et peu sensible.

L'e fermé est celui qu'on prononce avec la bouche presque fermée.

L'e ouvert est celui qu'on prononce avec la bouche très-ouverte.

12. Quand l'y s'emploie-t-il pour deux i?

L'y ne s'emploie pour deux i que dans le corps d'un mot après une voyelle.

13. Combien y a-t-il de sortes d'h?

Deux : l'h muette et l'h aspirée.

L'h muette est celle qui n'ajoute rien à la prononciation.

L'h aspirée est celle qui fait prononcer avec aspiration la voyelle qui suit.

14. Qu'est-ce qu'une syllabe?

Une syllabe est une ou plusieurs lettres qu'on prononce par une seule émission de voix.

15. Qu'est-ce qu'une diphtongue?

Ce sont deux sons distincts prononcés

par une seule émission de voix.

16. Qu'appelle-t-on monosyllabe, dissyllabe, trisyllabe, polysyllabe ?

Un monosyllabe est un mot d'une syllabe.

Un dissyllabe est un mot de deux syllabes.

Un trisyllabe est un mot de trois syllabes.

Un polysyllabe est un mot de plusieurs syllabes, quel qu'en soit le nombre.

17. Combien y a-t-il d'espèces de mots dans la langue française ?

Dix : le substantif, l'article, l'adjectif, le pronom, le verbe, le participe, l'adverbe, la préposition, la conjonction et l'interjection.

18. Comment se divisent ces mots ?

En mots variables et en mots invariables.

Les mots variables sont ceux dont la terminaison change.

Les mots invariables sont ceux dont la

terminaison ne change pas.
19. Quels sont les mots variables ?
Il y en a six : le substantif, l'article, l'adjectif, le pronom, le verbe, le participe.
20. Quels sont les mots invariables ?
L'adverbe, la préposition, la conjonction et l'interjection.

## Du substantif.

1. Qu'est-ce que le substantif ?
C'est un mot qui sert à nommer les personnes ou les choses.
2. Combien y a-t-il de sortes de substantifs ?
Deux : le substantif commun et le substantif propre.
Le substantif commun est celui qui convient à toute une espèce.
Le substantif propre est celui qui ne convient pas à toute une espèce.
3. Qu'appelle-t-on substantifs collectifs ?
Ce sont certains substantifs qui, quoique au singulier, présentent à l'esprit

l'idée de plusieurs personnes ou de plusieurs choses.

4. Combien y a-t il de sortes de collectifs ?

Deux : le collectif général et le collectif partitif.

Le collectif général désigne une collection générale.

Le collectif partitif désigne une collection partielle.

5. Quel est le mot qui précède ordinairement un collectif partitif ?

C'est *un* ou *une*.

6. Combien les substantifs ont-ils de propriétés ?

Deux : le genre et le nombre.

Le genre est la propriété qu'ont les substantifs de représenter la distinction des sexes.

Le nombre est la propriété qu'ont les substantifs de représenter l'unité ou la pluralité.

7. Combien y a-t-il de genres ?

Deux : le masculin et le féminin.

Un substantif est masculin lorsqu'on peut le faire précéder du mot *un*.

Un substantif est féminin lorsqu'on peut le faire précéder du mot *une*.

8. Combien y a-t-il de nombres ?

Deux : le singulier et le pluriel.

Le singulier désigne une seule personne ou une seule chose.

Le pluriel désigne plusieurs personnes ou plusieurs choses.

9. Tous les substantifs sont-ils susceptibles des deux nombres ?

Non : il y en a qui ne s'emploient qu'au singulier, comme *faim*, *soif*, *jeunesse*, etc. ; il y en a d'autres qui ne s'emploient qu'au pluriel, comme *vêpres*, *funérailles*, *pleurs*, etc.

10. Comment forme-t-on le pluriel des substantifs ?

Par une *s* finale.

11. Comment s'écrivent au pluriel les substantifs terminés au singulier par *s*, *x*, *z* ?

Ils ne changent pas au pluriel.

12. Quelle lettre prennent au pluriel les substantifs terminés au singulier par *au*, *ou* ?

Ils prennent un *x*, excepté *landau*, des *landaus*.

13. Que remarquez-vous sur les substantifs en *ou* ?

Ils prennent une *s* au pluriel, excepté : *bijou, caillou, chou, genou, hibou, pou, joujou*, qui prennent un *x*.

14. Comment les substantifs terminés au singulier par *al* font-ils leur pluriel ?

Ils changent *al* en *aux*, excepté : *bal, carnaval, régal, aval, cal, cantal, nopal, pal, chacal*, qui font leur pluriel par l'addition d'une *s*.

15. Comment les substantifs en *ail* font-ils leur pluriel ?

Par l'addition d'une *s*, excepté *bail, corail, émail, soupirail, vantail, travail*, qui font leur pluriel en *aux*.

*Travail* fait *travails* au pluriel, quand

il s'agit des machines où l'on ferre les chevaux vicieux, ou bien des comptes qu'un chef d'administration rend à son supérieur.

6. Quel est le pluriel du substantif *ail* ?

*Ails* ou *aulx*. On évite de l'employer au pluriel.

7. Comment *ciel* fait-il son pluriel ?

*Cieux* pour désigner la voûte céleste, et *ciels* dans les autres cas.

8. Comment *œil* fait-il son pluriel ?

*Yeux*, excepté dans certains substantifs composés, comme *œils-de-bœuf* (petites lucarnes), *œils-de-chat* (pierres précieuses), *œils-de-bouc* (coquillages).

9. Comment *aïeul* fait-il son pluriel ?

*Aïeux*, dans le sens d'ancêtres.

*Aïeuls*, quand on veut désigner le grand-père paternel et le grand-père maternel.

20. Qu'y a-t-il à remarquer sur les substantif terminés par *ant*, *ent* ?

Qu'on peut retrancher le *t* au pluriel dans les mots de plusieurs syllabes.

## De l'article.

1. Qu'est-ce que l'article ?

    L'article est un mot qu'on place avant le substantif pour annoncer qu'il est pris dans un sens déterminé.

2. Quand le substantif est-il pris dans un sens déterminé ?

    Quand il désigne un genre, une espèce ou un individu particulier.

3. Dans quel cas le substantif commun désigne-t-il un genre, une espèce ou un individu particulier ?

    Le substantif commun désigne un genre, lorsqu'il exprime une totalité.

    Il désigne une espèce, lorsqu'il exprime une partie de la totalité.

    Il désigne un individu, quand on ne parle que d'une personne ou d'une chose.

4. A quels changements est sujet l'article ?

À deux changements : l'élision et la contraction.

5. Qu'est-ce que l'élision ?

C'est la suppression de *e* dans *le*, ou de *a* dans *la*, devant une voyelle ou une *h* muette.

6. Qu'est-ce que la contraction ?

C'est la réunion de *la* ou *les* avec *à* ou *de*.

Il y a, en français, quatre articles contractés : *au*, mis pour *à le*; *aux*, mis pour *à les*; *du*, mis pour *de le*; *des*, mis pour *de les*.

7. Devant quelle lettre n'a pas lieu la contraction *au*, *du* ?

Devant une voyelle ou une *h* muette.

## De l'adjectif.

1. Qu'est-ce que l'adjectif ?

L'adjectif est un mot qui sert à qualifier ou à déterminer.

2. Combien y a-t-il de sortes d'adjectifs ?

Deux : l'adjectif qualificatif et l'adjectif

déterminatif.

3. Quelle est la fonction de l'adjectif qualificatif ?

D'exprimer la qualité du substantif.

4. N'y a-t-il pas des adjectifs qui dérivent des verbes?

Oui ; on les nomme adjectifs verbaux.

5. Qu'entend-on par adjectif composé?

Deux mots qui, par le sens, n'en font qu'un, servant à qualifier.

6. Un substantif peut-il être employé comme adjectif?

Oui, lorsqu'il sert à qualifier.

7. Un adjectif peut-il être employé comme substantif ?

Oui, lorsqu'il sert à nommer.

8. L'adjectif a-t-il par lui-même un genre et un nombre ?

Non; mais on les lui donne pour mieux marquer son rapport avec le substantif ?

9. Comment se forme le féminin dans les adjectifs terminés par un *e* muet ?

Ces adjectifs s'écrivent au masculin comme au féminin.

10. Comment se forme le féminin dans les adjectifs qui ne sont pas terminés par un *e* muet ?

On y ajoute un *e* muet.

11. Comment se forme le féminin des adjectifs en *el, eil, en, et, on ?*

Ils doublent la dernière lettre, et prennent un *e* muet.

12. Quels sont les adjectifs en *et* qui ne suivent pas cette règle ?

*Complet, concret, discret, secret, inquiet, replet*, dont le féminin est *complète, concrète, discrète, secrète, inquiète, replète.*

13. Comment font au féminin *nul, gentil, sot, vieillot, bas, gras, las, épais, gros ?*

Ces adjectifs doublent leur dernière lettre, et prennent un *e* muet.

14. Comment *exprès, profès* et *tiers* font-ils leur féminin ?

*Expresse, professe* et *tierce.*

15. Quel est le féminin des adjectifs en *f*?

Ils changent *f* en *ve.*

16. Quel est le féminin des adjectifs en *x* ?

Ils changent *x* en *se.*

17. Comment font au féminin *jumeau, beau, nouveau, fou, mou*?

*Jumelle, belle, nouvelle, folle, molle*

18. Qu'y a-t-il à remarquer dans l'emploi de *beau, nouveau, fou, mou*?

Ils font *bel, nouvel, fol, mol*, devant une voyelle ou une *h* muette.

19. Quel est le féminin de *blanc, franc, sec, frais, public, caduc, turc, grec, long, oblong, bénin, malin?*

*Blanche, franche, sèche, fraîche, publique, caduque, turque, grecque, longue, oblongue, bénigne, maligne.*

20. Comment les adjectifs en *eur* font-ils leur féminin?

Les uns, par un *e* muet; les autres, par le changement de *eur* en *euse*; et d'autres encore, par le changement de *teur* en *trice*.

21. Quels sont les adjectifs qui font encore exception à la règle générale ?

*Vengeur* fait *vengeresse ; pécheur, pécheresse ; bailleur, bailleresse ; demandeur* et *défendeur* en justice font *demanderesse* et *défenderesse ; chasseur* fait *chasseresse*, en poésie ; *ambassadeur* fait *ambassadrice ; gouverneur, gouvernante ; serviteur, servante.*

*Aigu, ambigu, bégu, contigu, exigu,* prennent un *e* muet et un tréma sur l'*e*.

22. Quelle remarque fait-on sur les adjectifs en *eur* exprimant un état principalement exercé par les hommes ?

Ils servent pour les deux genres.

23. De quel genre sont *témoin* et *grognon* ?

Ils sont des deux genres.

24. Quels sont les adjectifs qui ne s'emploient pas au féminin ?

*Châtain, fat, dispos, aquilin.*

25. Comment se forme le pluriel dans les

adjectifs?

Par l'addition d'une s.

26. Comment se forme le pluriel masculin dans les adjectifs terminés par s, x?

Il ne changent pas au pluriel.

27. Comment les adjectifs en al font-ils leur pluriel masculin?

Les uns, par le changement de al en aux; les autres, par l'addition d'une s.

28. Quels sont les adjectifs en al qui ont deux pluriels masculins?

*Austral, colossal, doctoral, ducal, frugal, natal*, qui font leur pluriel masculin par le changement de al en aux, ou par l'addition d'une s.

29. Quels sont les adjectifs en al qui ne s'emploient pas au pluriel masculin?

*Bénéficial, canonial, diagonal, diamétral, expérimental, médicinal, mental, patronal, virginal, vocal, zodiacal*, qui n'accompagnent que des substantifs féminins.

30. Quels sont les degrés de qualification

dans les adjectifs ?

Il y en a trois : le positif, le comparatif et le superlatif.

31. Qu'est-ce que le positif ?

C'est l'adjectif, la qualité simple.

32. Qu'est-ce que le comparatif ?

C'est l'adjectif avec comparaison.

33. Combien y a-t-il de comparatifs ?

Trois : le comparatif de supériorité, le comparatif d'égalité et le comparatif d'infériorité.

Le comparatif de supériorité se marque par l'adverbe *plus* ; celui d'égalité par *aussi, autant* ; celui d'infériorité par *moins, pas aussi*.

34. Qu'est-ce que le superlatif ?

C'est l'adjectif marquant la qualité portée au plus haut degré en plus ou en moins.

35. Combien y a-t-il de superlatifs ?

Deux : le superlatif relatif et le superlatif absolu.

Le superlatif relatif marque la qualité

portée au plus haut degré avec comparaison, et s'exprime par les adverbes *plus*, *moins*, précédés d'un déterminatif.

Le superlatif absolu marque la qualité portée au plus haut degré sans comparaison, et s'exprime par les adverbes *très, fort, bien, extrêmement, infiniment*.

36. Quelle est la fonction de l'adjectif déterminatif ?

De déterminer la signification du substantif.

37. Quelle différence y a-t-il entre l'article et l'adjectif déterminatif ?

L'article annonce que le substantif est pris dans un sens déterminé ; l'adjectif déterminatif le détermine par lui-même.

38. Combien y a-t-il de sortes d'adjectifs déterminatifs ?

Quatre : les adjectifs numéraux, les possessifs, les démonstratifs et les indéfinis.

39. Qu'est-ce que l'adjectif numéral ?

C'est celui qui détermine la signification du substantif, en y ajoutant une idée de nombre ou d'ordre.

40. Combien y a-t-il de sortes d'adjectifs numéraux ?

Deux : les cardinaux et les ordinaux.

Les numéraux cardinaux expriment le nombre.

Les numéraux ordinaux expriment l'ordre, le rang.

41. Nommez les adjectifs numéraux cardinaux.

*Un, deux, trois, quatre,* etc.

42. Nommez les adjectifs numéraux ordinaux.

*Premier, second, deuxième, troisième,* etc.

43. Qu'est-ce que les adjectifs démonstratifs ?

Ce sont ceux qui déterminent la signification du substantif en y ajoutant une idée d'indication.

44. Nommez les adjectifs démonstratifs.

*Ce, cet, cette, ces.*

45. Que remarquez-vous sur l'emploi de *ce, cet* ?

*Ce* s'emploie devant une consonne ou une *h* aspirée, et *cet* devant une voyelle ou une *h* muette.

46. Qu'est-ce que les adjectifs possessifs ?

Ce sont ceux qui déterminent la signification du substantif en y ajoutant une idée de possession.

47. Nommez les adjectifs possessifs.

| Masculin sing. | Féminin sing. | Pluriel des 2 genres. |
|---|---|---|
| *Mon* | *Ma* | *Mes* |
| *Ton* | *Ta* | *Tes* |
| *Son* | *Sa* | *Ses* |
| *Notre* | *Notre* | *Nos* |
| *Votre* | *Votre* | *Vos* |
| *Leur* | *Leur* | *Leurs.* |

48. Qu'y a-t-il à remarquer sur *mon, ton, son* ?

Qu'ils s'emploient au lieu de *ma, ta,*

*sa* devant un mot commençant par une voyelle ou une *h* muette.

49. Qu'est-ce que les adjectifs indéfinis ?
Ce sont ceux qui déterminent la signification du substantif en y ajoutant une idée vague ou générale.

50. Nommez les adjectifs indéfinis.

| *Chaque* | *Tout* | *Tel* |
|---|---|---|
| *Nul* | *Quelque* | *Quel* |
| *Aucun* | *Plusieurs* | *Quelconque* |
| *Même.* | | |

## Du pronom.

1. Qu'est-ce que le pronom?
Le pronom est un mot qu'on met à la place du substantif.

2. Qu'entend-on par personnes?
C'est le rôle que chaque personne ou chaque chose joue dans le discours.

3. Combien y a-t-il de personnes?
Trois : la première est celle qui parle ; la deuxième, celle à qui l'on parle ; et la troisième, celle de qui l'on parle.

4. Combien y a-t-il de sortes de pronoms?
Cinq : les pronoms personnels, les possessifs, les démonstratifs, les relatifs et les indéfinis.

5. Qu'est-ce que les pronoms personnels?
Ce sont ceux qui désignent les personnes plus spécialement que les autres pronoms.

6. Nommez les pronoms personnels.
*Je*, *me*, *moi*, *nous*, pour la première personne.

*Tu*, *te*, *toi*, *vous*, pour la deuxième personne.

*Il*, *ils*, *elle*, *elles*, *lui*, *leur*, *eux*, *se*, *soi*, *en*, *y*, *le*, *la*, *les*, pour la troisième personne.

7. Que remarquez-vous sur *le*, *la*, *les*, pronoms personnels, et sur *le*, *la*, *les*, articles.
*Le*, *la*, *les*, pronoms personnels, sont toujours joints à un verbe.

*Le*, *la*, *les*, articles, sont toujours joints à un substantif.

8. Qu'est-ce que les pronoms possessifs ?
   Ce sont ceux qui rappellent l'idée du substantif, en y ajoutant une idée de possession.
9. Nommez les pronoms possessifs.

| Masc. sing. | Fém. sing. | Masc. plur. | Fém. plur. |
|---|---|---|---|
| le mien | la mienne | les miens | les miennes |
| le tien | la tienne | les tiens | les tiennes |
| le sien | la sienne | les siens | les siennes |
| le nôtre | la nôtre | les nôtres | les nôtres |
| le vôtre | la vôtre | les vôtres | les vôtres |
| le leur | la leur | les leurs | les leurs. |

10. Qu'est-ce que les pronoms démonstratifs ?
    Ce sont ceux qui rappellent l'idée du substantif en y ajoutant une idée d'indication.
11. Nommez les pronoms démonstratifs.

| | | | |
|---|---|---|---|
| Ce | celle | ceux | celles |
| celui | celle-ci | ceux-ci | celles-ci |
| celui-ci | celle-là | ceux-là | celles-là |
| celui-là | | | |
| ceci | | | |
| cela. | | | |

12. Que remarquez-vous sur *ce*, pronom démonstratif, et sur *ce*, adjectif démonstratif ?

*Ce*, pronom, est toujours suivi d'un verbe, ou des pronoms *qui*, *que*, *quoi*, *dont*.

*Ce*, adjectif démonstratif, est toujours joint à un substantif.

13. Qu'est-ce que les pronoms relatifs ?

Les pronoms relatifs sont ainsi appelés à cause de la relation qu'ils ont avec un mot qui précède.

14. Nommez les pronoms relatifs.

*Qui*      *lequel*
*que*      *laquelle*
*quoi*      *lesquels*
*dont*     —    *lesquelles*.

15. Qu'est-ce que l'antécédent du pronom relatif ?

C'est le mot auquel le pronom relatif se rapporte.

16. Qu'est-ce que les pronoms indéfinis ?

Ce sont ceux qui ont une signification

vague et générale.

17. Nommez les pronoms indéfinis.

*On*      *l'un l'autre*
*quiconque*      *l'un et l'autre*
*quelqu'un*      *personne*
*chacun*      *rien*
*autrui.*

18. Certains adjectifs indéfinis ne sont-ils pas employés quelquefois comme pronoms?

Oui : lorsqu'ils ne sont pas suivis d'un substantif, ils sont pronoms.

## Du verbe.

1. Qu'est-ce que le verbe?

Le verbe est un mot qui affirme que l'on est ou que l'on fait quelque chose.

2. Combien y a-t-il réellement de verbes?

Un seul : c'est le verbe *être*, qu'on appelle *verbe substantif*, parce que c'est le seul qui exprime l'affirmation.

3. Qu'appelle-t-on verbes adjectifs ou attri-

butifs?

Tous les verbes autres que le verbe *être*, et ils sont ainsi nommés, parce qu'ils renferment en eux le verbe *être* et l'attribut.

4. Qu'est-ce que le sujet du verbe?

C'est l'objet de l'affirmation marquée par le verbe.

5. Quelle question fait-on pour trouver le sujet d'un verbe?

On fait, avant le verbe, la question *qui est-ce qui* pour les personnes, et *qu'est-ce qui* pour les choses.

6. Qu'est-ce que le complément d'un verbe?

C'est ce qui en complète la signification.

7. Combien y a-t-il de sortes de compléments?

Deux : le complément direct et le complément indirect.

8. Qu'est-ce que le complément direct?

C'est celui qui répond à la question *qui* pour les personnes, et *quoi* pour les choses.

9. Qu'est-ce que le complément indirect?

C'est celui qui répond à la question *à qui*, *de qui*, etc., pour les personnes, et *à quoi*, *de quoi*, etc., pour les choses.

10. Quels sont les pronoms toujours compléments directs?

*Le*, *la*, *les*, *que*.

11. Quels sont les pronoms toujours compléments indirects?

*Lui*, *leur*, *dont*, *en*, *y*.

12. Quels pronoms sont tantôt compléments directs, tantôt compléments indirects?

*Me*, *te*, *se*, *nous*, *vous*.

13. Combien distingue-t-on de sortes de verbes adjectifs ou attributifs?

Cinq : le verbe actif, le verbe neutre, le verbe passif, le verbe pronominal, le verbe unipersonnel.

14. Qu'est-ce que le verbe actif?

C'est celui qui marque une action et a un complément direct.

15. Qu'est-ce que le verbe neutre?

Le verbe neutre marque l'action et n'a pas de complément direct.

16. Qu'est-ce que le verbe passif?

Le verbe passif marque un état et se conjugue dans tous ses temps avec l'auxiliaire *être*.

17. Qu'est-ce que le verbe pronominal?

C'est celui qui se conjugue avec deux pronoms de la même personne.

18. Combien y a-t-il de sortes de verbes pronominaux?

Deux : les verbes essentiellement pronominaux et les verbes accidentellement pronominaux; les verbes essentiellement pronominaux sont ceux qui ne peuvent se conjuguer qu'avec deux pronoms.

19. Comment forme-t-on le verbe passif?

On prend le régime direct du verbe actif pour en faire le sujet du verbe passif.

20. Qu'est-ce que les verbes essentiellement pronominaux ont de particulier?

Que leur second pronom est toujours complément direct, excepté *s'arroger*.

21. Qu'est-ce que le verbe unipersonnel.

    C'est celui qui ne se conjugue qu'à la 3ᵉ personne du singulier.

22. Le verbe unipersonnel n'a-t-il pas deux sortes de sujets ?

    Oui : le sujet apparent ou figuré, qui est toujours le pronom vague *il* ; et le sujet réel, qui est le mot figurant comme complément.

23. Qu'entend-on par modifications du verbe ?

    Certains changements auxquels le verbe est sujet.

24. Quelles sont les quatre modifications du verbe ?

    Le nombre, la personne, le mode et le temps.

25. Qu'est-ce que le nombre dans le verbe ?

    C'est la forme que prend le verbe pour indiquer que son sujet est du singulier ou du pluriel.

26. Qu'est-ce que la personne ?

C'est la forme que prend le verbe pour indiquer que son sujet est de la première, de la deuxième ou de la troisième personne.

27. Qu'est-ce que le mode ?

C'est la forme que prend le verbe pour indiquer de quelle manière est présentée l'affirmation.

28. Combien y a-t-il de modes ?

Cinq : l'indicatif, le conditionnel, l'impératif, le subjonctif et l'infinitif.

29. Que marquent ces modes ?

L'indicatif marque qu'une chose est, qu'elle a été ou qu'elle sera.

Le conditionnel marque qu'une chose serait ou aurait été, moyennant une condition.

L'impératif marque le commandement ou le désir.

Le subjonctif marque le doute.

L'infinitif marque l'action ou l'état en général, sans nombre ni personnes.

30. Combien y a-t-il de sortes de modes ?

Deux : les modes personnels et le mode impersonnel.

Les modes personnels sont ceux qui désignent les personnes ; il y en a quatre : l'indicatif, le conditionnel, l'impératif et le subjonctif.

Le mode impersonnel est celui qui ne désigne pas les personnes ; il n'y en a qu'un : c'est l'infinitif.

31. Qu'est-ce que les temps ?

C'est la forme que prend le verbe pour indiquer s'il a rapport au présent, au passé ou au futur.

32. Pourquoi, dans un mode, peut-il n'y avoir qu'un seul présent, tandis qu'il peut y avoir plusieurs passés et plusieurs futurs ?

Parce que le passé et le futur admettent différents instants, au lieu que le présent n'admet qu'un seul moment, qui est celui de la parole.

33. Qu'expriment les huit temps qui composent le mode indicatif ?

L'indicatif présent marque qu'une chose est ou se fait à l'instant de la parole.

L'imparfait marque un présent relativement à un passé.

Le passé défini marque un temps complètement écoulé, et toujours séparé de celui où l'on parle.

Le passé indéfini marque un temps complètement écoulé ou non.

Le passé antérieur et le plus-que-parfait marquent un passé relativement à un passé.

Le futur marque qu'une chose sera ou se fera dans un temps où l'on n'est pas encore.

Le futur antérieur marque un passé relativement à un futur.

34. Comment se divisent les temps des verbes ?

En temps simples et en temps composés.

Les temps simples sont ceux qui se conjuguent sans auxiliaire.

Les temps composés sont ceux qui se conjuguent avec un auxiliaire.

35. Qu'appelle-t-on verbes auxiliaires ?
Ceux qui aident à conjuguer les autres verbes.
Il y a deux verbes auxiliaires : *avoir* et *être*.

36. Quel est l'auxiliaire des verbes ?
Le verbe actif se conjugue avec *avoir*.
Le verbe passif et le verbe pronominal se conjuguent avec *être*.
Le verbe neutre et le verbe unipersonnel prennent, les uns l'auxiliaire *avoir*, les autres l'auxiliaire *être*.

37. Pourquoi, dans les verbes pronominaux, emploie-t-on *être* pour *avoir* ?
Pour flatter l'oreille.

38. Comment se divisent encore les temps des verbes ?
En temps primitifs et en temps dérivés.
Les temps primitifs ou formateurs sont ceux qui forment les autres temps.
Les temps dérivés sont ceux qui se for-

ment des temps primitifs.

39. Combien y a-t-il de temps primitifs ?

Cinq : l'infinitif présent, le participe présent, le participe passé, l'indicatif présent et le passé défini.

40. Quels temps forme chacun de ces temps ?

L'infinitif présent forme le futur et le conditionnel, par le changement de r, oir ou re, en rai, rais.

Le participe présent forme, 1° les trois personnes plurielles de l'indicatif présent par le changement de ant en ons, ez, ent; 2° l'imparfait de l'indicatif, par le changement de ant en ais; 3° le subjonctif présent, par le changement de ant en e muet.

Le participe passé forme tous les temps composés, à l'aide du verbe avoir ou du verbe être.

L'indicatif présent forme l'impératif par la suppression des pronoms sujets.

Le passé défini forme l'imparfait du subjonctif, par le changement de ai en *asse* pour la première conjugaison, et par l'addition de *se* pour les trois autres conjugaisons.

41. Qu'est-ce que conjuguer un verbe ?

C'est écrire ou réciter un verbe, avec toutes ses terminaisons de nombres, de personnes, de modes et de temps.

42. Combien y a-t-il de conjugaisons ?

Quatre : la 1<sup>re</sup> se termine en *er*, comme *aimer* ; la 2<sup>me</sup>, en *ir*, comme *finir* ; la 3<sup>me</sup>, en *oir*, comme *recevoir* ; la 4<sup>me</sup>, en *re*, comme *rendre*.

43. Qu'y a-t-il à remarquer dans les verbes terminés en *ger*, comme *juger* ?

On met un *e* après le *g* devant les voyelles *a*, *o*.

44. Qu'y a-t-il à remarquer dans les verbes terminés en *cer* comme *lacer* ?

On met une *cédille* sous le *c* devant les voyelles *a*, *o*.

45. Quand, dans les verbes terminés en *er*, comme *mener*, *révéler*, change-t-on en *e* ouvert l'*e* muet ou *fermé* qui

précède la dernière syllabe?

Devant une syllabe muette.

46. Quelle est l'exception à cette règle?

Les verbes terminés en *éger*, comme *protéger*.

47. Qu'y a-t-il à remarquer dans les verbes terminés par *eler*, comme *appeler*?

On met deux *l* devant un *e* muet.

48. Qu'y a-t-il à remarquer dans les verbes terminés par *eter*, comme *cacheter*?

On met deux *t* devant un *e* muet.

49. Quels sont les verbes en *ler* et en *ter* qui ne doublent jamais *l*, *t*?

Ceux qui sont terminés par *éter*, *éler*, comme *révéler*, *empiéter*.

50. Qu'y a-t-il à remarquer dans les verbes terminés au participe présent par *iant*, comme *priant*?

Ils prennent deux *i* à la 1re et à la 2me personne plurielle de l'imparfait de l'indicatif, et du présent du subjonctif.

51. Qu'y a-t-il à remarquer dans les verbes terminés au participe présent par *yant*,

comme *ployant* ?

Ils prennent *yi* à la 1^re et à la 2^me personne plurielle de l'imparfait de l'indicatif et du présent du subjonctif.

52. Qu'y a-t-il à remarquer dans les verbes terminés à l'infinitif par *éer* ?

Ils prennent deux *e* de suite dans toute la conjugaison, excepté devant les voyelles *a, o, i*. Au participe passé féminin, ils prennent trois *e*.

53. Combien le verbe *bénir* a-t-il de participes passés ?

Deux : *bénit, bénite*, qui signifient *consacré par une cérémonie religieuse*, et *béni, bénie* dans les autres acceptions.

54. Qu'y a-t-il à remarquer dans le verbe *haïr* ?

Il prend le *tréma* dans toute la conjugaison, excepté aux trois personnes singulières de l'indicatif présent, et à la seconde personne singulière de l'impératif.

55. Qu'y a-t-il à remarquer dans le verbe *fleurir* ?

*Fleurir*, employé au figuré, fait *florissant* au participe présent, et *florissait* à l'imparfait de l'indicatif.

56. Quels sont les verbes de la quatrième conjugaison qui, à l'indicatif présent, prennent *s, s, t,* au lieu de *ds, ds, d*?

Ce sont ceux qui sont terminés par *indre* ou par *soudre,* comme *peindre, résoudre.*

57. Quels sont les temps du verbe qui ne s'emploient pas interrogativement?

L'impératif, et les temps du subjonctif et de l'infinitif.

58. Quels sont les verbes qui ne s'emploient pas interrogativement à la première personne singulière du présent de l'indicatif?

Ceux qui n'ont qu'une syllabe à cette personne.

59. Quelles sont les huit exceptions ?

*Ai-je, suis-je, fais-je, dis-je, dois-je,*

*vois-je*, *vais-je*, *sais-je*.

60. Où se met le trait-d'union dans les verbes employés interrogativement ?

Dans les temps simples, il se met entre le verbe et le pronom ; dans les temps composés, il se met entre l'auxiliaire et le pronom.

61. Quand fait-on usage du *t* euphonique dans les verbes employés interrogativement ?

Devant *il*, *elle*, *on*, lorsque le verbe finit par une voyelle.

62. Devant le pronom *je*, que devient l'*e* muet qui termine le verbe ?

Il se change en *e* fermé.

63. Qu'appelle-t-on verbes réguliers ?

Ceux qui se conjuguent comme le verbe qui leur sert de modèle.

64. Qu'appelle-t-on verbes irréguliers ?

Ceux qui ne se conjuguent pas comme le verbe qui leur sert de modèle.

65. Qu'appelle-t-on verbes défectueux ?

Ceux auxquels il manque des temps ou

des personnes.

En général, quand un temps primitif manque, les temps qui en dérivent manquent aussi.

66. Quelle est, dans les verbes réguliers, la lettre finale de la première personne du singulier?

*S*, excepté au futur, qui est terminé par *ai*, et au subjonctif présent et à l'imparfait du subjonctif, qui sont terminés par *e* muet.

67. Quelle est la lettre finale de la deuxième personne du singulier?

*S*, sans exception pour les verbes réguliers.

68. Quelle est la lettre finale de la troisième personne du singulier?

*T*, excepté le futur, qui est terminé par *a*, et le subjonctif présent, qui est terminé par un *e* muet.

69. Quelles sont les lettres finales des trois personnes plurielles?

*Ons*, *ez*, *ent*, excepté le futur, dont la

troisième personne plurielle est terminée par *ont*.

70. A quelle personne la deuxième personne du singulier de l'impératif est-elle semblable?

A la première de l'indicatif présent.

71. Quelles sont les cinq exceptions?

*Aie, sois, va, sache, veuille.*

72. Quand la deuxième personne du singulier de l'impératif, terminée par un *e* muet, prend-elle une *s*?

Devant *y* et *en*; l'impératif *va* suit la même règle.

## Du participe.

1. Qu'est-ce que le participe?

C'est un mot qui participe du verbe et de l'adjectif.

2. Combien y a-t-il de sortes de participes?

Deux : le participe présent et le participe passé.

3. Qu'est-ce que le participe présent?

C'est un mot terminé par *ant*, qui marque un présent relativement à une autre époque, qui exprime une action, et qui est toujours invariable.

4. Qu'est-ce que le participe passé ?

C'est un mot qui a différentes terminaisons et qui est variable. Il marque un passé ; mais, joint au verbe *être* dans le sens passif, il marque un présent à l'indicatif présent, et un futur au futur simple.

### De l'adverbe.

1. Qu'est-ce que l'adverbe ?

L'adverbe est un mot invariable qui sert à qualifier un verbe, un adjectif ou un autre adverbe.

2. L'adverbe a-t-il un complément ?

Non, parce qu'il le renferme en lui-même.

3. Quels sont les principaux adverbes ?

*Plus, moins, aussi, jamais, toujours, ne... pas,* etc.

4. Comment distingue-t-on *y*, adverbe, de

*y*, pronom personnel ?

*Y*, adverbe, signifie *là* ; *y*, pronom personnel, signifie *à cela*.

5. Qu'appelle-t-on locution adverbiale ?

Un assemblage de mots faisant l'office d'un adverbe.

## De la préposition.

1. Qu'est-ce que la préposition ?

C'est un mot invariable qui sert à marquer les rapports que les mots ont entre eux.

2. Quel sens ont les prépositions par elles-mêmes ?

Un sens incomplet ; c'est pourquoi elles ont toujours un complément. La préposition, avec son régime, forme un régime indirect.

3. Quelles sont les principales prépositions ?

*A, de, en, pour, par, avec, dans*, etc.

4. Comment distingue-t-on *en*, préposition, de *en*, pronom personnel.

*En*, préposition, est toujours suivi d'un

régime, exprimé par un substantif par un pronom ou par un participe présent.

*En*, pronom personnel, signifie *de cela*, et est toujours joint à un verbe.

5. Qu'appelle-t-on locution prépositive ?
Un assemblage de mots faisant l'office d'une préposition.

## De la conjonction.

1. Qu'est-ce que la conjonction ?
C'est un mot invariable qui sert à lier deux membres de phrase.
2. Quelles sont les principales conjonctions ?
*Et, ou, ni, mais, que*, etc.
3. Qu'appelle-t-on locution conjonctive ?
Un assemblage de mots faisant l'office d'une conjonction.

## De l'interjection.

1. Qu'est-ce que l'interjection ?
C'est un mot invariable qui sert à exprimer les affections vives et subites de

l'âme.

2. Quelles sont les principales interjections ?

*Ah, ha, ô, oh, ho, eh, hé, hélas, fi, aïe,* etc.

### De l'orthographe.

1. Qu'est-ce que l'orthographe ?

C'est l'art d'être correct dans l'emploi des caractères et des signes orthographiques d'une langue.

2. Quels sont les caractères orthographiques ?

Les lettres de l'alphabet.

3. Quels sont les signes orthographiques de la langue française ?

Les accents, l'apostrophe, la cédille, le tréma, le trait-d'union, la parenthèse, les guillemets et le tiret.

4. Au lieu de *n*, quelle lettre emploie-t-on devant *b, p, m* ?

M, excepté dans *bonbon, bonbonnière, embonpoint.*

5. Qu'y a-t-il à remarquer dans les verbes terminés par *quer* ?

Que, dans les mots qui en dérivent, on change *qu* en *c*, excepté dans les sept mots suivants : *attaquable, critiquable, croquant, immanquable, marquant, remarquable, risquable.*

### Des majuscules.

1. Quels sont les différents cas où l'on emploie les majuscules ?

   1°. Au commencement de chaque phrase ;

   2°. Aux noms propres ;

   3°. Au commencement de chaque vers;

   4°. Après un point, un point d'interrogation, un point d'exclamation;

   5°. Après deux points, quand on commence à rapporter les paroles de quelqu'un;

   6°. Aux noms des quatre points cardinaux, employés pour désigner un pays ;

7°. Aux êtres moraux, quand on les personnifie.

8°. Aux noms de sciences et d'arts, pris dans leur acception générale ;

9°. Aux noms des mois et des jours de la semaine ;

10°. Dans le cérémonial du style épistolaire.

## Des accents.

1. Combien y a-t-il d'accents ?

 Trois : l'accent aigu ´, l'accent grave `, et l'accent circonflexe ^.

2. Quand emploie-t-on l'accent aigu ?

 Sur les *e* fermés qui terminent une syllabe.

3. Quand emploie-t-on l'accent grave ?

 1°. Sur les *e* ouverts qui terminent une syllabe ;

 2°. Sur *à*, préposition, pour le distinguer de *a*, verbe ;

 3°. Sur *dès*, préposition, pour le distinguer de *des*, article ;

4°. Sur *là*, adverbe, pour le distinguer de *la*, article ou pronom ;

5°. Sur *où*, adverbe, pour le distinguer de *ou*, conjonction ;

6°. Sur *çà*, *deçà*, *en-deçà*, *déjà*, *holà*, *voilà*.

4. Quand emploie-t-on l'accent circonflexe ?

1°. Sur la plupart des voyelles longues ;

2°. Sur l'*i* des verbes terminés par *aître*, *oître*, lorsque cet *i* est suivi d'un *t* ;

3°. Aux deux premières personnes plurielles du passé défini et à la troisième personne singulière de l'imparfait du subjonctif ;

4°. Sur *mûr*, adjectif, pour le distinguer de *mur*, substantif ;

5°. Sur *sûr*, signifiant *certain*, pour le distinguer de *sur*, acide, ou de *sur*, préposition ;

6°. Sur *dû*, participe du verbe *devoir*, pour le distinguer de *du*, article ;

7°. Sur *crû*, participe du verbe *croître*,

pour le distinguer de *cru*, participe du verbe *croire*;

8°. Sur *tû*, participe du verbe *taire*, pour le distinguer de *tu*, pronom personnel.

## De l'apostrophe.

1. A quoi sert l'apostrophe?

 A remplacer les voyelles *a*, *e*, *i*.

2. Quand *a* se supprime-t-il?

 Dans *la*, devant une voyelle ou une *h* muette.

3. Quand *e* se supprime-t-il?

 1°. Dans *je*, *me*, *te*, *se*, *de*, *que*, *ce*, *le*, *ne*, devant une voyelle ou une *h* muette;

 2°. Dans *lorsque*, *puisque*, *quoique*, *quelque*, devant *il*, *ils*, *elle*, *elles*, *on*, *un*, *une*;

 3°. Dans *entre* et *presque*, seulement lorsqu'ils entrent dans la composition d'un mot;

 4°. Dans *grand'mère*, *grand'tante*;

5°. Dans *jusque*, devant *a, e, i*.

### De la cédille.

1. Quand emploie-t-on la cédille ?
On la place sous le *c* quand on veut y donner le son de *s* devant *a, o, u*.

### Du tréma.

1. Quand emploie-t-on le tréma ?
Le tréma se place sur une voyelle, quand on veut la faire prononcer séparément de la voyelle qui précède.
Le tréma ne doit pas s'employer quand on peut le remplacer par un autre accent.

### Du trait-d'union.

1. Quand emploie-t-on le trait-d'union ?
   1°. Pour unir plusieurs mots qui, par le sens, n'en font qu'un ;
   2°. Avant les pronoms personnels, sujets ou régimes, placés après leur verbe ;

3°. Avant *ce*, employé comme sujet, quand il est placé après le verbe ;

4°. Avant *y, on*, placés après le verbe ;

5°. Avant et après la lettre euphonique *t* ;

6°. Avant ou après *ci*, *là*, accompagnant un mot auquel ils sont unis ;

7°. Après *très*, pour le lier au mot qui suit ;

8°. Pour remplacer *et* devant un nombre qui ne passe pas dix-neuf,

9°. Entre un pronom personnel et le mot même.

### De la parenthèse.

1. A quoi sert la parenthèse ?

A renfermer certains mots qui donnent plus de clarté à la phrase, mais qu'on pourrait retrancher.

### Des guillemets et du tiret.

1. Quand emploie-t-on les guillemets ?

Toutes les fois que l'on rapporte les

paroles de quelqu'un.

2. Quand emploie-t-on le tiret ?
Le tiret s'emploie pour éviter la répétition des guillemets.

### De la proposition.

1. Qu'est-ce qu'une proposition ?
C'est l'énonciation d'un jugement.
2. Qu'est-ce que juger ?
C'est lier entre elles plusieurs idées à l'aide de la comparaison et du raisonnement.
3. Combien y a-t-il de propositions dans une phrase ?
Autant de propositions qu'il y a de verbes à un mode personnel.
4. Qu'entend-on par phrase ?
Une phrase se compose de tous les mots qu'on emploie depuis un point jusqu'à un autre point.
5. Combien faut-il de mots pour faire une proposition ?
Trois : le sujet, le verbe et l'attribut.

Le sujet est l'objet de l'affirmation.
L'attribut est la qualité du sujet.
Le verbe lie l'attribut au sujet.

6. Par quels mots s'exprime un sujet?

Par un substantif, un pronom, un infinitif, et quelquefois par une proposition tout entière.

7. Par quels mots s'exprime un attribut?

Par un substantif, un pronom, un infinitif, un adjectif et un participe.

8. Qu'entend-on par complément logique?

Tout ce qui sert à l'achèvement du sujet et de l'attribut.

9. Pourquoi le verbe *être* n'a-t-il aucun complément?

Parce qu'il est complet par lui-même.

10. Comment faut-il considérer le sujet et l'attribut?

Comme simples ou composés, complexes ou incomplexes.

Le sujet est simple, lorsqu'il n'exprime qu'une idée.

Le sujet est composé, lorsqu'il exprime

plusieurs idées.

L'attribut est simple, lorsqu'il n'exprime qu'une qualité.

L'attribut est composé, lorsqu'il exprime plusieurs qualités.

Le sujet et l'attribut sont complexes, lorsqu'ils ont un complément.

Le sujet et l'attribut sont incomplexes, lorsqu'ils n'ont pas de complément.

11. Combien y a-t-il de sortes de propositions?

Deux : la principale et l'incidente.

La proposition principale est celle dont dépendent les autres propositions.

La proposition incidente est celle qui est ajoutée à la principale pour la déterminer ou pour l'expliquer.

12. Combien y a-t-il de sortes de propositions principales?

Deux : la principale absolue et la principale relative.

La proposition principale absolue est celle qui énonce ce que l'on veut spécialement faire entendre, et elle est ordinairement la première principale énoncée.

Les autres propositions principales se désignent sous le nom de principales relatives.

13. Combien y a-t-il de sortes d'incidentes ?

Deux : l'incidente déterminative et l'incidente explicative.

La proposition incidente déterminative ne peut pas être retranchée sans que le sens en souffre.

La proposition incidente explicative peut être retranchée.

14. Comment considère-t-on la proposition relativement aux parties qui la composent ?

Comme pleine, elliptique ou implicite.

La proposition est pleine, lorsque tous les mots y sont énoncés.

La proposition est elliptique, lorsque tous les mots n'y sont pas énoncés.

La proposition est implicite, lorsqu'il y

a ellipse du sujet, du verbe et de l'attribut.

# SYNTAXE.

## Du substantif.

1. Quel est l'objet de la syntaxe ?
   La syntaxe a pour objet l'emploi et la construction des mots.
2. De quel genre sont les substantifs *amour, délice, orgue, automne, couple, enfant, exemple, foudre, aigle ?*
   *Amour* est masculin, excepté quand il s'agit de l'attachement d'un sexe pour l'autre en vue de mariage ; alors *amour* est masculin au singulier, et féminin au pluriel.
   *Délice* et *orgue* sont masculins au singulier, et féminins au pluriel.

*Automne* est des deux genres ; mais le masculin est préférable, parce que le nom des trois autres saisons est du masculin.

*Couple*, marquant le nombre *deux*, est féminin et collectif partitif ; *couple*, marquant le mâle et la femelle, l'union, l'assemblage, est masculin et collectif général.

*Enfant* est masculin, lorsqu'il se dit d'un garçon, et féminin, lorsqu'il se dit d'une fille.

*Exemple* est toujours masculin.

*Foudre*, désignant le tonnerre, est féminin. En poésie, dans ce sens, on le fait quelquefois masculin. Au figuré, *foudre* est toujours masculin.

*Aigle*, oiseau, est masculin. *Aigle*, dans le sens d'enseigne, de drapeau, est féminin. Au figuré, *aigle* est toujours masculin.

R. De quel genre sont *hymne* et *quelque chose ?*

*Hymne*, qu'on chante à l'église, est féminin ; hors de là, *hymne* est masculin.

*Quelque chose*, signifiant *une chose*, est masculin ; *quelque chose*, signifiant *quelle que soit la chose,* est féminin.

4. Qu'y a-t-il à remarquer sur *gens?*

*Gens* veut au féminin tous les correspondants qui précèdent, et au masculin tous ceux qui suivent. Cependant l'adjectif *tout* reste masculin avant *gens*, lorsqu'il est le seul adjectif qui précède *gens*, ou lorsqu'il est suivi d'un adjectif des deux genres.

L'adjectif qui précède *gens* se met encore au pluriel, lorsque *gens* éveille spécialement l'idée d'hommes.

5. Réglez l'orthographe des noms propres.

Les noms propres s'écrivent au singulier comme au pluriel. Ils prennent cependant la marque du pluriel dans deux cas : lorsqu'ils désignent des individus semblables à ceux dont on emploie le nom, et lorsqu'ils désignent des titres plutôt que des noms de famille.

6. Réglez l'orthographe des substantifs empruntés des langues étrangères.

Ils prennent la marque du pluriel, excepté :

1°. Les noms de prières, tels que *Pater*, *Ave*, etc. ;

2°. *Maximum*, *minimum*, *quintetti*, *carbonari*, *dilettanti*, *lazaroni*, *extra* ;

3°. Les substantifs composés empruntés des langues étrangères sont tous invariables, à l'exception de *senatus-consulte*.

7. Comment s'écrivent au pluriel les mots employés accidentellement comme substantifs ?

Ils sont toujours invariables.

8. Réglez l'orthographe des substantifs composés.

1°. Lorsque le substantif composé est formé d'un substantif et d'un adjectif, ils prennent l'un et l'autre la marque du pluriel.

Excepté :

Des *blanc-seings*.
Des *terre-pleins*.
Des *chevau-légers*.
Des *grand'mères*, des *grand'tantes*, des *grand'messes*.

2°. Lorsque le substantif composé est formé de deux substantifs, ils prennent l'un et l'autre la marque du pluriel.

Excepté :

Des *bec-figues*.
Des *appuis-main*.
Des *brèche-dents*.
Des *hôtels-Dieu*.
Des *bains-marie*.

3°. Lorsque le substantif composé est formé de deux substantifs unis par une préposition, le premier substantif seul prend la marque du pluriel.

Excepté :

Des *coq-à-l'âne*.
Des *pied-à-terre*.
Des *tête-à-tête*.
Des *pot-au-feu*.

4°. Lorsque le substantif composé est formé d'un substantif et d'un mot invariable, le substantif prend la marque du pluriel, s'il y a pluralité dans l'idée ; au contraire, il reste singulier, s'il y a unité.

5°. Lorsque le substantif composé est formé de mots invariables, aucune partie ne prend la marque du pluriel.

6°. Lorsque le substantif composé est formé d'un substantif et d'un mot qu'on n'emploie pas seul, ils varient l'un et l'autre, ces mots étant regardés comme des adjectifs.

## De l'article.

1. Réglez l'emploi de l'article.
   L'article s'emploie :
   1°. Avant un substantif déterminé ; c'est-à-dire désignant un genre, une espèce ou un individu particulier ;
   2°. Lorsque le substantif est le régime d'un collectif, à moins qu'il ne soit déterminé par une proposition incidente qui suit. On met aussi l'article après les collectifs *bien* et *la plupart*.
   3°. Lorsque le substantif est le régime d'un verbe accompagné d'une négation, à moins qu'il ne soit déterminé par ce qui suit.
2. Quand *le* varie-t-il devant *plus, mieux, moins ?*

   Quand il y a comparaison avec d'autres objets. Au contraire, *le* reste invariable lorsqu'il n'y a pas comparaison avec d'autres objets, ou lorsque ces adverbes se rapportent à

un verbe ou à un adverbe.
3. Quand répète-t-on l'article et les adjectifs déterminatifs?
Avant chaque substantif, et avant deux adjectifs unis par *et*, qui ne qualifient pas le même substantif.

### De l'adjectif qualificatif.

1. Comment l'adjectif s'accorde-t-il avec le mot qu'il qualifie?
Il en prend le genre et le nombre.
2. Qu'arrive-t-il lorsque l'adjectif qualifie plusieurs mots?
Il se met au pluriel ; au masculin, si les mots sont masculins ; au féminin, si les mots sont féminins ; au masculin, si les mots sont de différents genres.
3. Quand l'adjectif s'accorde-t-il avec le dernier des mots qu'il qualifie?
Quand ils sont unis par la conjonction *ou*, et lorsqu'ils sont synonymes.
4. Qu'y a-t-il à remarquer sur les adjectifs *nu*, *demi*, *feu?*

*Nu*, placé avant les substantifs *cou*, *tête*, *pieds*, *bras*, *jambe*, etc., reste invariable, parce qu'il forme avec ces mots une sorte de locution adverbiale. *Nu*, joint à d'autres substantifs, suit la règle générale.

*Demi*, placé avant le substantif, est invariable; placé après le substantif, *demi* en prend le genre, mais reste toujours au singulier, parce qu'il se rapporte à un substantif singulier sous-entendu. *Demi*, employé substantivement, prend la marque du pluriel.

*Feu* varie, lorsqu'il est précédé d'un déterminatif, et reste invariable, lorsqu'il n'en est pas précédé.

5. Comment écrit-on deux adjectifs dont le premier est qualifié par le second?

Ils restent tous les deux invariables.

6. Comment s'écrit un adjectif employé adverbialement?

Il est invariable.

7. Qu'y a-t-il encore à remarquer sur les adjectifs qualificatifs?

Certains adjectifs se placent avant le substantif; d'autres se placent après; d'autres encore se placent avant ou après; d'autres enfin changent la signification du substantif, selon qu'ils sont placés avant ou après. Il y a aussi des adjectifs qui ne conviennent qu'aux personnes, et d'autres qui ne conviennent qu'aux choses.

8. Quelles règles suit-on pour les adjectifs composés?

1°. Quand un adjectif composé est formé de deux adjectifs, ils varient l'un et l'autre;

2°. Quand un adjectif composé est formé de deux adjectifs, dont le premier est employé adverbialement, le second seul varie. Excepté *frais-cueilli* et *tout-puissant*.

3°. Quand un adjectif composé est formé d'un mot invariable et d'un adjectif, l'adjectif seul varie.

4°. Dans les deux adjectifs *brèche-dents* et *chèvre-pieds*, *brèche* et *chèvre* s'écrivent toujours au singulier, et *dents* et *pieds* toujours au pluriel.

## Des adjectifs déterminatifs.

1. Comment s'écrivent *vingt, cent, mille*?

    *Vingt* et *cent* prennent une *s* au pluriel ; mais, lorsqu'ils sont suivis d'un nombre ou lorsqu'ils sont mis pour *vingtième, centième*, ils restent au singulier.

    On écrit *mille* pour exprimer le nombre dix fois cent.

    On écrit *mil* pour la date des années. Dans ces deux cas, il ne prend jamais la marque du pluriel.

    *Mille*, substantif, désigne une mesure de chemin, et prend une *s* au pluriel.

2. Quand remplace-t-on l'adjectif possessif par l'article?

    Toutes les fois que le sens indique

clairement quel est l'objet possesseur.

3. Quand *notre, votre, leur* se mettent-ils au pluriel devant un substantif qui exprime l'unité ?

Lorsque ces unités sont prises collectivement ; malgré l'idée collective, ils restent au singulier devant un substantif qui ne s'emploie pas au pluriel.

4. Quand emploie-t-on *son, sa, ses, leur, leurs* ?

Pour les personnes. Quand il s'agit des choses, on les remplace, autant qu'on le peut, par l'article et le pronom *en*.

5. Qu'y a-t-il à remarquer sur *aucun* et *nul* ?

*Nul*, précédant le substantif, et *aucun*, désignent toujours un singulier. Ils ne prennent la marque du pluriel que devant un substantif qui n'a pas de singulier, ou qui, au singulier, n'a pas le même sens qu'au pluriel.

6. De quelle manière s'emploie *chaque* ?

*Chaque* doit toujours être suivi d'un

substantif.

7. Quand *même* est-il adjectif? Quand est-il adverbe?

*Même* est adjectif et varie, lorsqu'il se rapporte à un seul substantif ou à un seul pronom.

*Même* est adverbe et invariable, lorsqu'il se rapporte à plusieurs substantifs ou à plusieurs pronoms. *Même* est encore adverbe, lorsqu'il se rapporte à un verbe ou à un adverbe.

8. Quelles sont les différentes manières d'écrire *quelque* ?

*Quelque*, suivi d'un substantif, est adjectif et s'accorde.

*Quelque*, suivi d'un adjectif et d'un substantif, est encore adjectif et s'accorde.

*Quelque*, suivi d'un qualificatif, est adverbe et reste invariable.

*Quelque*, suivi d'un verbe, s'écrit en deux mots; *quel*, adjectif, s'accorde avec le sujet du verbe, et *que*, conjonction, reste invariable.

9. Quand *tout* est-il adjectif? quand est-il adverbe?

*Tout* est adjectif et varie, quand il n'est pas mis pour *tout-à-fait*.

*Tout*, mis pour *tout-à-fait*, est adverbe, et ne varie que devant un mot féminin commençant par une consonne ou par une *h* aspirée.

*Tout*, adverbe, varie aussi devant *autre*, lorsque le sens permet de déplacer *autre*.

## Des pronoms.

1. Les pronoms peuvent-ils représenter un substantif pris dans un sens indéterminé?

Non, lorsque ce substantif forme une seule et même idée avec le verbe ou la préposition qui précède.

2. Les pronoms peuvent-ils être répétés avec des rapports différents?

Non, c'est-à-dire qu'ils ne doivent pas

se rapporter tantôt à un objet, tantôt à un autre. Ils ne doivent pas non plus se construire d'une manière équivoque.

3. Comment s'accordent les pronoms ?

En genre, en nombre et en personne, avec le mot auquel ils se rapportent.

4. Quelle est la place des pronoms personnels sujets?

Ils se placent avant le verbe, excepté :

1°. Lorsque le verbe est employé interrogativement ;

2°. Lorsque le verbe est au subjonctif, sans qu'aucune conjonction soit exprimée ;

3°. Dans certaines phrases exclamatives ;

4°. Dans certaines propositions qui annoncent qu'on rapporte les paroles de quelqu'un ;

5°. Après *aussi, peut-être, en vain, toujours*, etc. Cette dernière exception n'est pas de rigueur.

5. Quelle est la place des pronoms personnels régimes ?

Ils se placent avant le verbe, excepté quand le verbe est à l'impératif. Cependant, si l'impératif est accompagné d'une négation, le pronom régime le précède.

6. Quand répète-t-on les pronoms personnels sujets ?

Avant chaque verbe. Mais, quand les propositions sont unies par *et*, *ou*, *ni*, *mais*, on peut ne pas répéter le pronom sujet.

7. Quand répète-t-on les pronoms personnels régimes ?

Avant chaque verbe. Cependant, quand on sous-entend l'auxiliaire, on sous-entend aussi le pronom personnel régime.

8. Comment s'emploie le pronom *soi* ?

*Soi* ne peut se rapporter qu'à un pronom indéfini, à un infinitif, ou à un substantif singulier de *chose inani-*

*mée.*

9. Qu'y a-t-il à observer sur *lui, eux, elle, elles, leur*, employés comme régimes indirects ?

Il faut, autant qu'on le peut, ne les faire rapporter qu'aux personnes et aux choses personnifiées.

10. Quand le pronom *le* varie-t-il?

Lorsqu'il se rapporte à un substantif.

Il reste invariable, lorsqu'il se rapporte à un adjectif ou à un membre de phrase.

11. Réglez l'emploi du pronom *ce*.

1°. On emploie *ce* au lieu de *il*, *ils*, *elle*, *elles*, comme sujets d'une proposition dont l'attribut est un substantif ou un pronom ;

2°. Quand le pronom *ce* commence un membre de phrase, on le répète dans le second membre, lorsqu'il commence par le verbe *être* ;

3°. Quoique le pronom *ce* ne soit pas au commencement de la phrase, on l'emploie dans le second membre, devant le verbe *être*, lorsqu'il y a inversion;

4°. Le verbe *être* précédé et suivi d'un infinitif demande le pronom *ce*;

5°. Le verbe *être* précédé d'un infinitif et suivi d'un substantif ou d'un pronom, demande aussi le pronom *ce*.

12. Quel est l'emploi de *celui*, *ceux*, *celle*, *celles* ?

Ces pronoms ont une signification générale qui doit toujours être restreinte, de sorte qu'ils doivent toujours être suivis d'un régime indirect ou d'une proposition incidente.

13. Quelle différence y a-t-il entre *celui-ci*, *celle-ci*, *ceci*, et *celui-là*, *celle-là*, *cela* ?

Les pronoms démonstratifs terminés par *ci* désignent les objets les plus proches; ceux qui sont terminés par *là* désignent les objets les plus éloignés.

14. Quel est l'emploi des pronoms possessifs ?

Ils doivent toujours se rapporter à un mot exprimé dans la phrase, à moins qu'ils ne soient employés substantivement.

15. Comment s'accorde le pronom relatif avec son antécédent ?

En genre, en nombre et en personne.

16. L'adjectif peut-il servir d'antécédent ?

Non, à moins qu'il ne soit employé substantivement.

17. Quelle est la place du pronom relatif ?

Il doit toujours être placé le plus près possible de son antécédent, afin d'éviter les équivoques.

18. Qu'y a-t-il à observer sur l'emploi de *qui* ?

*Qui*, régime d'une préposition, ne se dit que des personnes et des choses personnifiées.

19. En quoi *dont* et *d'où* diffèrent-ils ?

*Dont* marque la relation, *d'où* marque

la sortie; cependant, dans le sens d'*être issu*, d'*être né*, c'est *dont*, et non pas *d'où*, qu'il faut employer.

20. De quel genre et de quel nombre est le pronom *on* ?

*On* est masculin singulier; mais il devient féminin lorsque le sens indique qu'on parle d'une femme, et pluriel, lorsque le sens indique qu'on parle de plusieurs individus.

21. Quand faut-il préférer *l'on* à *on* ?

Après une voyelle, et surtout après *et*, *si*, *où*; mais, avant *le*, *la*, *les*, *lui*, *leur*, il faut employer *on* et non *l'on*. *On* est préférable à *l'on* au commencement d'une phrase.

22. Qu'y a-t-il à remarquer sur *chacun* ?

*Chacun* prend *son*, *sa*, *ses*, lorsqu'il est placé après le complément direct, ou lorsque le verbe n'a pas de complément direct.

*Chacun* prend *leur*, *leurs*, lorsqu'il est placé avant le complément direct.

23. Quelle différence y a-t-il entre *personne*, substantif, et *personne*, pronom indéfini?

*Personne*, substantif, a un sens déterminé, et est féminin.

*Personne*, pronom indéfini, a un sens vague, et est masculin.

24. En quoi *l'un et l'autre* diffèrent-ils de *l'un l'autre*?

*L'un et l'autre* marquent la pluralité.

*L'un l'autre* marquent la pluralité et la réciprocité.

Quand il y a plus de deux objets, on emploie *les uns et les autres*, *les uns les autres*, et non pas *l'un et l'autre*, *l'un l'autre*.

25. Qu'y a-t-il à observer sur les pronoms *nous* et *vous*?

*Nous*, employé pour *je*, et *vous*, employé pour *tu*, veulent le verbe au pluriel; les autres correspondants se mettent au singulier.

## Du verbe.

1. Réglez l'accord du verbe.

Le verbe s'accorde en nombre et en personne avec son sujet.

Il y a dix remarques à faire sur cet accord :

1º. Lorsque le sujet d'un verbe se compose de plusieurs parties, le verbe se met au pluriel ; et, si ces parties sont de différentes personnes, le verbe s'accorde avec la personne qui a la priorité.

2º. Lorsque les sujets sont unis par *comme*, *de même que*, *ainsi que*, *aussi bien que*, *autant que*, *plus que*, le verbe s'accorde avec le dernier sujet.

3º. Lorsque les sujets sont unis par la conjonction *ou*, lorsqu'ils sont synonymes, lorsqu'ils sont placés par gradation, ou qu'ils sont tous renfermés dans le dernier sujet, le verbe s'accorde avec ce dernier sujet.

4°. Après *l'un et l'autre*, le verbe se met au pluriel.

5°. Après *ni l'un ni l'autre*, le verbe se met aussi au pluriel. Cependant, si l'un des sujets, unis par *ni*, peut seul faire l'action du verbe, l'accord se fait avec le dernier sujet.

6°. Après un collectif suivi d'un substantif, l'accord se fait avec celui des deux mots qui frappe le plus l'attention. Si l'attention est frappée également, accord avec le collectif s'il est général; accord avec le substantif qui suit, si le collectif est partitif.

7°. Après un adverbe de quantité, pris comme collectif partitif, le verbe s'accorde toujours avec le substantif qui suit, exprimé ou sous-entendu.

8°. Après *la plupart*, le verbe se met toujours au pluriel; il s'accorde avec le substantif qui suit, exprimé ou sous-entendu.

9°. Le verbe *être*, précédé de *ce*, se met au pluriel, lorsqu'il est suivi d'une troisième personne plurielle.

10°. Le verbe *être*, précédé de plusieurs infinitifs, se met au pluriel, excepté lorsque les infinitifs sont suivis du pronom *ce*; alors le verbe *être* se met au singulier.

2. Qu'y a-t-il à remarquer sur le régime des verbes?

1°. Il ne faut pas employer deux régimes indirects pour exprimer le même rapport; le second régime se remplace par la conjonction *que*.

2°. Il faut donner à chaque verbe le régime qu'il exige, c'est-à-dire un régime direct à un verbe actif, et un régime indirect à un verbe neutre.

Cette régle s'applique aussi aux adjectifs et aux prépositions.

3°. Le régime direct doit être énoncé le premier.

4°. Si les régimes ne sont pas d'égale

longueur, c'est le plus court qu'on énonce le premier.

5°. Il faut éviter de placer les régimes indirects de manière à former une équivoque.

6°. Lorsque le régime d'un verbe se compose de plusieurs parties unies par *et*, *ni*, *ou*, ces parties doivent être exprimées par des mots de même nature.

3. Quel est le régime des verbes passifs ?

Un régime indirect exprimé par les prépositions *de* et *par* ; *de* s'emploie lorsqu'on exprime un sentiment, et *par* dans les autres cas.

4. Que marquent le verbe *avoir* et le verbe *être* ?

*Avoir* marque l'action ; *être* marque l'*état*.

5. Quels sont les treize verbes neutres qui prennent *être*, quoique marquant une action ?

*Aller, arriver, choir, décéder, naître,*

*mourir, tomber, venir, devenir, parvenir, revenir, disconvenir, redevenir.*

*Contrevenir* prend indifféremment *avoir* ou *être.*

6. Qu'y a-t-il encore à remarquer sur l'emploi des auxiliaires?

Que certains verbes prennent tantôt *avoir*, tantôt *être* ; *avoir*, quand ils marquent l'action, et *être,* quand ils marquent l'état.

7. Quels verbes neutres changent d'auxiliaire en changeant d'acception?

*Demeurer, rester, convenir, échapper, expirer.*

*Demeurer* et *rester* prennent *avoir* dans le sens de *prendre son habitation,* et *être* dans les autres cas.

*Convenir* prend *avoir* dans le sens d'être convenable, et *être,* dans le sens de demeurer d'accord.

*Echapper* prend *avoir* quand le sujet peut encore changer d'état, et *être* lorsqu'il ne peut plus en changer.

*Expirer*, appliqué aux personnes, prend *avoir*. Appliqué aux choses, il prend *avoir* quand il y a action, et *être* quand on veut marquer l'état.

8. Qu'y a-t-il à remarquer sur l'emploi de quelques temps du verbe ?

1°. Le présent s'emploie au lieu du passé, pour rendre la narration plus vive ; mais il faut alors que tous les verbes de la même narration soient au présent.

2°. Le présent s'emploie au lieu de l'imparfait, pour exprimer une chose présente à l'instant de la parole ou présente dans tous les temps.

3°. Le passé défini ne peut se dire que d'un temps tout-à-fait écoulé, et séparé de celui dont on parle.

4°. Le plus-que-parfait ne doit pas s'employer pour le passé indéfini.

5°. Le conditionnel ne doit pas s'employer pour le futur.

6°. Le conditionnel passé ne doit pas s'employer pour le conditionnel présent.

9. Dans quels cas fait-on usage du mode subjonctif ?

Dans onze cas :

1°. Après un verbe qui exprime le doute, le désir, la crainte, le commandement ;

2°. Après un verbe qui interroge ;

3°. Après un verbe accompagné d'une négation ;

4°. Après un verbe unipersonnel ;

5°. Après un pronom relatif ou l'adverbe *où*, quand ils sont précédés de *le seul*, de *peu*, ou d'un superlatif relatif ;

6°. Après un pronom relatif ou l'adverbe *où*, quand le verbe qui suit exprime quelque chose de douteux ;

7°. Après certaines locutions conjonctives, telles que : *à moins que, de peur que, avant que*, etc. ;

8°. Après *quelque, quoique,* de quelque manière qu'ils s'écrivent.

9°. Après *de façon que, de sorte que, de manière que, si ce n'est que, sinon que*, lorsque l'idée a rapport à un temps futur ; ces locutions demandent l'indicatif, lorsqu'elles se rapportent à un temps présent ou à un passé ;

10°. Après la conjonction *que*, employée pour *si*, ou pour une conjonction qui demande le subjonctif ;

11°. Le verbe *ignorer* demande le subjonctif ; mais lorsqu'il est accompagné d'une négation, il demande l'indicatif.

10. Réglez l'emploi des temps du subjonctif.

Après le présent et le futur de l'indicatif, on emploie le présent et le passé du subjonctif ; le présent, pour exprimer un présent ou un futur, et le passé, pour exprimer un passé.

Après tous les temps, autres que l'indicatif présent et le futur, on emploie l'imparfait et le plus-que-parfait du subjonctif ; l'imparfait, pour exprimer un présent ou un futur, et le plus-que-parfait, pour exprimer un passé.

11. Quelles sont les deux exceptions à ces règles ?

1°. Après le présent et le futur de l'indicatif, on emploie l'imparfait du subjonctif, au lieu du présent, et le plus-que-parfait, au lieu du passé, lorsque le verbe au subjonctif est suivi d'une expression conditionnelle ;

2°. Après les passés et les conditionnels, on emploie le présent du subjonctif, au lieu de l'imparfait, lorsque ce que le verbe exprime, est vrai dans tous les temps, ou présent encore au moment où l'on parle.

12. Comment s'emploie l'infinitif ?

Comme sujet, comme régime et comme

attribut. Il ne faut jamais employer l'infinitif avec un rapport équivoque.

13. Quelles prépositions précèdent le plus souvent l'infinitif régime d'un autre verbe?

*A* et *de*. L'usage indique celle qu'on doit employer.

Un verbe ne peut jamais être suivi de trois ou quatre infinitifs.

### Du participe.

1. Quelle différence y a-t-il entre le participe présent et l'adjectif verbal?

Le participe présent marque l'action et est toujours invariable.

L'adjectif verbal marque l'état, et varie.

2. A quoi reconnaît-on le participe présent?

Toutes les fois qu'un qualificatif en *ant* marque l'action, et qu'il est précédé de la préposition *en* exprimée ou sous-entendue, il est participe présent.

Quand il a un régime direct, il est aussi participe présent, parce qu'un régime direct est toujours l'objet d'une action.

3. Quelles sont les trois principales règles à suivre pour l'accord du participe passé ?

1°. Le participe accompagné de l'auxiliaire *être*, s'accorde avec son sujet, quelle qu'en soit la place ;

2°. Le participe, accompagné de l'auxiliaire *avoir*, s'accorde avec son régime direct quand il en est précédé, et reste invariable lorsque le régime direct est placé après, ou lorsqu'il n'y a pas de régime direct ;

3°. Le participe d'un verbe pronominal suit la même règle que le participe conjugué avec *avoir*, parce que, dans ces verbes, le verbe *être* est mis pour le verbe *avoir*.

4. Quelles sont les trois règles à suivre pour le participe des verbes unipersonnels ?

1°. Le participe d'un verbe unipérsonnel conjugué avec *être*, s'accorde avec le sujet *il*;

2°. Le participe d'un verbe unipersonnel conjugué avec *avoir*, ne s'accorde jamais, parce qu'il n'a jamais de régime direct;

3°. Le participe d'un verbe unipersonnel pronominal s'accorde avec *se* relatif à *il*.

5. Quelle règle suit le participe précédé de *le*, représentant un membre de phrase?

Il s'accorde avec *le*, qui est masculin singulier.

6. Pourquoi le participe *fait*, suivi d'un infinitif, est-il toujours invariable?

Parce que le régime n'appartient ni à *fait* ni à l'infinitif, mais aux deux verbes réunis.

7. Comment s'accorde le participe précédé de *le peu*?

Lorsque *le peu* exprime le manque, accord avec *que*, relatif à *peu*.

Lorsque *le peu* exprime la petite quantité, accord avec *que* relatif au substantif qui suit *peu*.

8. Qu'y a-t-il à remarquer sur les participes *coûté* et *valu*?

*Coûté* et *valu*, lorsqu'ils sont pris dans leur sens propre, c'est-à-dire lorsqu'ils signifient *coûter* et *valoir de l'argent*, sont toujours invariables, parce qu'ils n'ont pas de régime direct.

Lorsque *coûté* et *valu* sont pris dans leur sens figuré, ils varient comme les autres participes.

## De l'adverbe.

1. *Dessus, dessous, dedans, dehors*, ont-ils un régime?

Non, parce que ce sont des adverbes. Cependant on peut les faire suivre d'un régime, lorsqu'ils sont employés en opposition, et lorsqu'ils sont combinés avec une préposition.

2. Qu'y a-t-il à remarquer sur *davantage*?

*Davantage* ne peut jamais avoir de régime, parce qu'il est adverbe. *Davantage* ne doit pas s'employer pour *le plus*.

3. Quelle différence y a-t-il entre *plus tôt* et *plutôt*, entre *de suite* et *tout de suite*, entre *tout-à-coup* et *tout d'un coup*?

*Plus tôt* signifie *plus vite*; *plutôt* marque la préférence.

*De suite* signifie *sans interruption*; *tout de suite* signifie *sur-le-champ*.

*Tout-à-coup* signifie *soudainement*; *tout d'un coup* signifie *tout en une fois*.

4. Qu'y a-t-il à remarquer sur l'emploi de *si, aussi, tant, autant*?

*Si, aussi* se joignent aux adjectifs et aux adverbes; *tant, autant* se joignent aux autres mots.

*Si, tant* marquent l'extension; *aussi, autant* marquent la comparaison.

Dans une proposition négative, *si* et *tant* peuvent s'employer pour *aussi*, *autant*.

*Si* ne peut modifier une locution adver‑
biale.

5. Par quel mot s'unissent les deux termes d'une comparaison ?

Par *que*, et non par *comme*.

6. Qu'y a-t-il à remarquer sur l'emploi de *très* ?

*Très* ne peut se joindre qu'à un adjectif ou à un adverbe.

7. Réglez l'emploi de la négation *ne*.

1°. On emploie toujours la négation *ne* après *à moins que*, *de peur que*, *de crainte que* et le verbe *empêcher* ;

2°. La négation *ne* ne s'emploie jamais après *avant que*, *sans que* et le verbe *défendre* ;

3°. *Autre, autrement, plus, mieux, moins*, formant un comparatif, et les verbes *craindre, avoir peur, trembler, appréhender*, demandent la négation. Cependant, lorsqu'ils sont précédés d'une négation, ils rejettent celle qui devrait suivre.

4°. *Nier, désespérer, disconvenir, douter* sont suivis de *ne*, lorsqu'ils sont déjà précédés d'une négation.

8. Dans quel cas supprime-t-on *pas* et *point* ?

Lorsqu'il y a dans la phrase une expression dont le sens est négatif.

9. Quand faut-il préférer *pas* à *point* ?

Avec un adverbe de comparaison, et avec les adjectifs numéraux.

### De la préposition.

1. Comment se construisent *au travers* et *à travers* ?

*Au travers* veut *de* ; *à travers* demande un régime direct.

2. Quelle différence y a-t-il entre *près de* et *auprès de* ?

*Près de* marque la proximité. *Auprès de*, à l'idée de proximité, ajoute celle d'assiduité, de sentiment.

3. Quelle différence y a-t-il entre *parmi* et

*entre ?*

*Entre* se dit généralement de deux objets.

*Parmi* se dit de plus de deux objets, et ne peut jamais être suivi que d'un pluriel ou d'un collectif.

*Entre* peut s'employer pour *parmi*; jamais *parmi* ne peut s'employer pour *entre*.

4. Quelle différence y a-t-il entre *voici* et *voilà*?

*Voici* a rapport à ce qui suit; *voilà*, à ce qui précède.

5. Que marque *vis-à-vis*?

*Vis-à-vis* veut dire *en face*, *à l'opposé*; jamais il ne peut s'employer dans le sens de *envers*.

6. Quelles prépositions répète-t-on toujours?

*A*, *de*, *en*. Les autres prépositions, surtout celles qui n'ont qu'une syllabe, se répètent quand les compléments ne sont pas synonymes.

## De la conjonction.

1. Quand fait-on usage de *et* et de *ni*?
   *Et* s'emploie dans le sens affirmatif; *ni* s'emploie dans le sens négatif.
2. Quel est l'emploi de *et* et de *ni* avec *sans*?
   *Et* précède *sans*; *ni* remplace *sans*.
3. Que doit-on observer à l'égard de *plus*, *mieux*, *moins*, *autant*, placés au commencement de deux membres de phrase?
   Ils ne doivent jamais être unis par la conjonction *et*.
4. Quand écrit-on *parce que* et *par ce que*; *quoique* et *quoi que*; *quand* et *quant*?
   *Parce que*, en deux mots, signifie *attendu que*; *par ce que*, en trois mots, signifie *par la chose que*.
   *Quoique*, en un mot, signifie *bien que*; *quoi que*, en deux mots, signifie *quelque chose que*.
   *Quand* signifie *lorsque, à quelle époque*;

*quant* signifie *à l'égard de*.

5. Quelles sont les locutions conjonctives qui ont vieilli?

*Durant que*, *à cause que*, *malgré que*, *devant que*, qui se remplacent par *pendant que*, *parce que*, *quoique*, *avant que*.

6. Citez les principaux usages de la conjonction *que*.

1°. D'unir deux propositions;

2°. D'unir les deux termes d'une comparaison;

3°. De former, à l'aide de la préposition *de*, des *gallicismes*, c'est-à-dire des tournures de phrases propres à la langue française;

4°. D'éviter la répétition des conjonctions *quand*, *lorsque*, *si*, *quoique*, *comme*.

## De l'interjection.

1. Qu'expriment les principales interjections?

*Ah* marque la joie, la douleur.

*Ha* marque la surprise.

*Oh* marque la surprise ou l'affirmation.

*Ho* sert à appeler, et marque aussi la surprise.

*O* sert à l'apostrophe oratoire.

*Eh* peint la douleur, la plainte.

*Hé* s'emploie pour appeler, pour avertir.

## Des figures de syntaxe.

1. Qu'entend-on par construction grammaticale?

 La construction est *grammaticale* lorsqu'elle est conforme aux règles de la grammaire, qui veut qu'on énonce tous les mots nécessaires à l'expression de la pensée ; d'abord le *sujet* avec ses compléments, puis le *verbe* et l'*attribut* avec ses compléments. Lorsqu'on ne suit pas cet ordre, la construction est *figurée*.

2. Quelles sont les figures de syntaxe?

 L'ellipse, le pléonasme, la syllepse et

l'inversion.

L'*ellipse* supprime certains mots nécessaires à l'expression de la pensée, mais inutiles au sens, parce que l'esprit les supplée facilement.

Le *pléonasme* est une surabondance de mots qu'on pourrait retrancher sans nuire au sens de la phrase.

La *syllepse* règle l'accord d'un mot, non avec celui auquel il correspond grammaticalement, mais avec celui auquel il se rapporte par la pensée.

L'*inversion* a lieu toutes les fois que les mots ne sont pas placés dans l'ordre grammatical.

## De la ponctuation.

1. A quoi sert la ponctuation?
A marquer la distinction des sens, et les pauses que l'on doit faire en lisant.

2. Quels sont les six signes de ponctuation?
La *virgule*, le *point-virgule*, les *deux-*

*points*, le *point*, le *point interrogatif* et le *point exclamatif*.

3. Quand emploie-t-on la *virgule* ?

La *virgule* s'emploie dans six cas :

1°. Pour séparer les propositions qui ont peu d'étendue ;

2°. Pour séparer les sujets, les attributs, les compléments ;

3°. Pour tenir lieu d'un verbe sous-entendu ;

4°. Avant un verbe séparé de son sujet par une proposition incidente déterminative ;

5°. Pour marquer une inversion ;

6°. En général, on place entre deux virgules toutes les parties de propositions qu'on peut retrancher sans dénaturer le sens de la phrase.

4. Quand emploie-t-on le *point-virgule* ?

Dans deux cas :

1°. Pour séparer les propositions qui ont une certaine étendue ;

2°. Pour séparer les parties principales

d'une énumération dont les parties subalternes exigent la virgule.

5. Quand emploie-t-on les *deux-points?*
Dans deux cas :
1°. Après une proposition qui annonce qu'on rapporte les paroles de quelqu'un ;
2°. Avant une proposition ou un membre de phrase qui éclaircit ou développe ce qui précède.

6. Quand emploie-t-on le *point*?
Le *point* termine toutes les phrases indépendantes les unes des autres, ou qui ne se lient que par des rapports vagues.

7. Qnand emploie-t-on le *point interrogatif* et le *point exclamatif?*
Le *point interrogatif* s'emploie à la fin d'une phrase où l'on interroge.
Le *point exclamatif* s'emploie à la fin d'une phrase qui marque un sentiment ou une émotion.

---
Adam d'Aubers, impr. à Douai.

# ERRATA.

Page 21, ligne première, lisez : devant un mot féminin commençant par, etc.

Page 51, ligne 12, lisez : 9°. Entre le pronom personnel et le mot *même*.

Page 58, ligne 16, lisez : L'adjectif qui précède *gens* se met encore au masculin, lorsque, etc.

www.ingramcontent.com/pod-product-compliance
Lightning Source LLC
Chambersburg PA
CBHW070249100426
42743CB00011B/2190